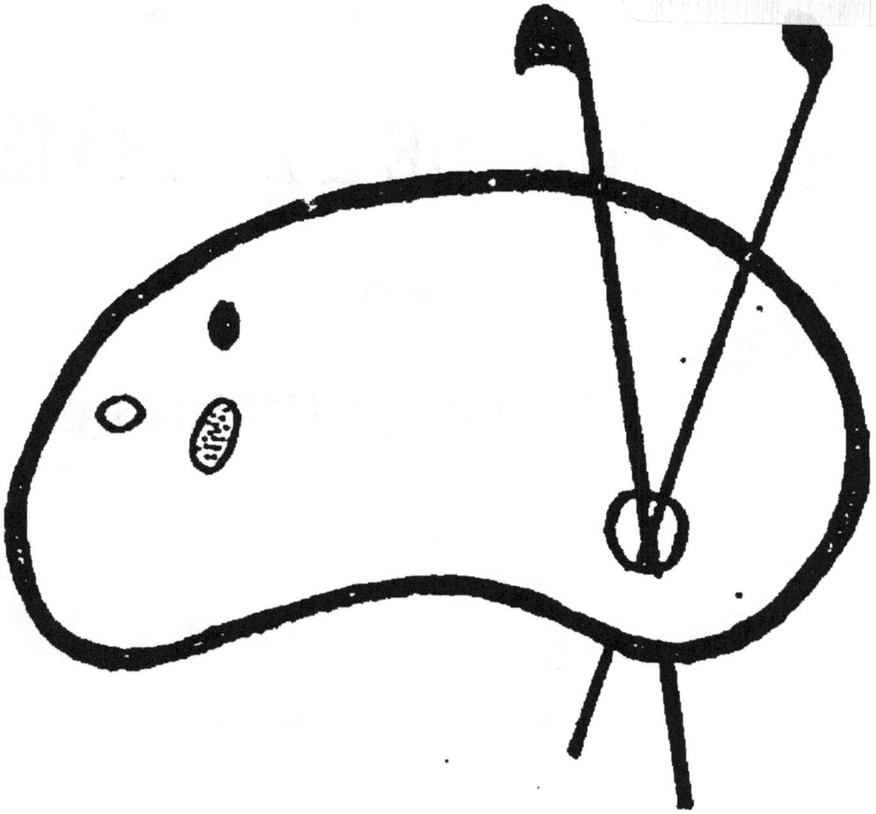

DEBUT D'UNE SERIE DE DOCUMENTS EN COULEUR

PETITE
HISTOIRE DE L'AGENAIS

à l'usage

DES ÉCOLES PRIMAIRES

PAR

I.-A. RAYEUR

Professeur au Lycée Bernard-Palissy.

PRIX : 50 centimes

AGEN

IMPRIMERIE ET LITHOGRAPHIE AGENAISES

1898

DU MÊME AUTEUR

LE BOURBONNAIS. Le sol et ses habitants. 1 broch. 1 fr.

L'ALLIER. (Dans la collection des *Départements Français*). 1 volume.. 4 fr.

MIRABEAU, Sa Vie et ses Œuvres. (Honoré d'une souscription par le Ministère). 1 volume............... 2 50

LA TROUÉE DES ARDENNES. Ouvrage couronné par l'Académie française. 1 volume................... 4 50

A TRAVERS L'ARDENNE FRANÇAISE. Dans le *Tour du Monde*. Septembre 1891.

VARIÉTÉS ARDENNAISES. 1 volume............ 2 50

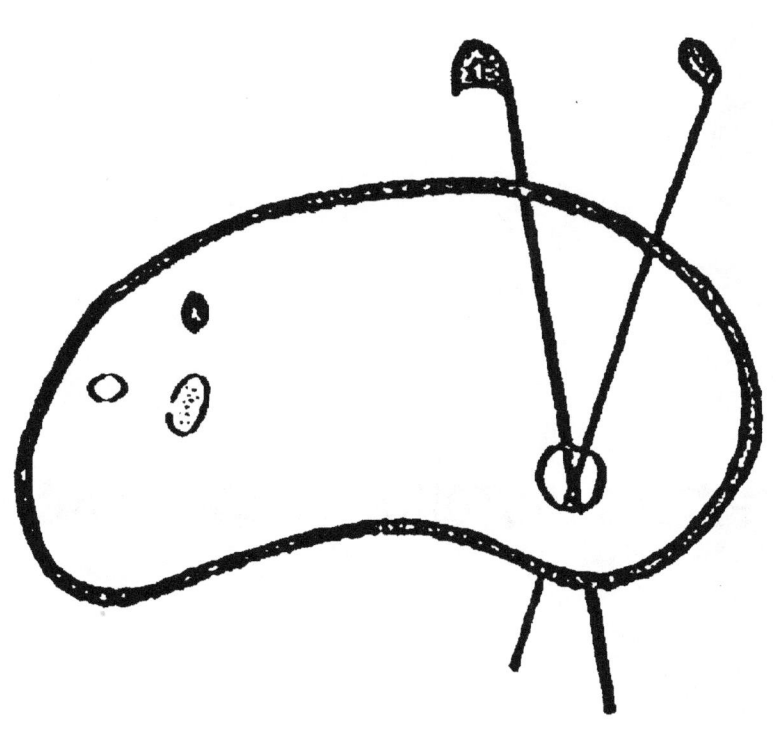

FIN D'UNE SÉRIE DE DOCUMENTS
EN COULEUR

PETITE HISTOIRE DE L'AGENAIS

PETITE
HISTOIRE DE L'AGENAIS
à l'usage
DES ÉCOLES PRIMAIRES

PAR

I.-A. RAYEUR
Professeur au Lycée Bernard-Palissy.

AGEN

IMPRIMERIE ET LITHOGRAPHIE AGENAISES

1898

L'idée de ce petit livre appartient à l'administration universitaire du Lot-et-Garonne. Mes remerciements à M. Dessez, inspecteur d'Académie et à MM. Delpech, Baudy, Vidal, Urruty, inspecteurs primaires, pour les conseils et les encouragements que j'en ai reçus.

Il y aurait plus que de l'ingratitude à ne pas reconnaître aussi tout ce dont je suis redevable à l'érudition locale. De nombreux savants, dont quelques uns éminents, comme MM. Tamizey de Larroque, Bladé et Tholin, se sont occupés d'histoire agenaise. Leurs travaux ont singulièrement facilité ma tâche. Ceux de M. Tholin, en particulier, m'ont été d'un secours précieux. La plupart du temps je n'ai fait que mettre, à la portée des petits, le résultat de ses savantes recherches.

PETITE
HISTOIRE DE L'AGENAIS

Les premiers habitants. — Mon ami, le pays que tu habites n'a pas toujours été dans l'état où tu le vois. Il fut un temps où des forêts épaisses couvraient ces campagnes aujourd'hui si bien cultivées; la Garonne et le Lot coulaient alors dans une vallée marécageuse, et l'homme n'avait pour habitations que des grottes taillées au flanc des coteaux, dans le voisinage des rivières. Sur les plateaux qui dominent le Dropt, dans les gravières du Lot près de Fumel, au fond des grottes de la Lède et de la Lémance, on n'a qu'à égratigner le sol pour retrouver les haches et les flèches de pierre dont les premiers hommes faisaient usage.

Plus tard, une autre race fit son apparition : ces nouveaux venus, d'origine incertaine, s'appelaient les Ibères. A une époque beaucoup plus rapprochée de nous — peut-être 500 ans avant notre ère — les Celtes ou Gaulois, venus de l'Orient par la vallée du Danube, refoulèrent les Ibères au sud de la Garonne. Ce fleuve désormais sépara les deux races. Il semble cependant qu'un petit peuple gaulois, les Nitiobroges, ait poussé une pointe hardie sur la rive gauche du fleuve. Ils formaient ainsi sur le territoire des Ibères une avant-garde de la race celtique. Mon enfant, retiens bien ce nom de Nitiobroges : c'est celui de tes ancêtres.

Le pays, qu'ils occupaient sur les deux rives de la Garonne et dont les limites étaient à peu près celles du département, ne tarda pas à se transformer entre leurs mains. Les cultures remplacèrent les forêts, et tout fait croire qu'à l'arrivée des Romains ces campagnes avaient déjà l'aspect que nous leur voyons. Les Nitiobroges habitaient des maisons de forme circulaire, faites de planches et d'osier. Les villes étaient rares, et la seule dont le nom soit venu jusqu'à nous, Aginnum, fut sans doute leur capitale.

La guerre contre Rome. — Au moment où César entreprit la conquête de la Gaule (58 ans avant notre ère), les Nitiobroges se trouvaient depuis quelque temps en relations avec Rome. Ils en avaient même reçu le titre d' « ami du peuple romain ». Aussi ne les voit-on pas participer à la lutte que leurs voisins, les Sontiates, soutinrent contre Crassus, lieutenant de César. Les Sontiates étaient un peuple d'origine ibère, dont le territoire, contigu à celui des Nitiobroges, correspond en partie au sud du département. Après les avoir battus deux fois, Crassus fit le siège de leur place forte. C'était peut-être Sos, à moins que ce ne soit Lectoure. Malgré une belle défense, les Sontiates durent capituler.

Les Nitiobroges ne sortirent de la neutralité que du jour où ils sentirent l'indépendance nationale menacée par les Romains. Ils répondirent alors à l'appel de Vercingétorix. Leur roi Teutomatus, suivi d'une cavalerie considérable, alla rejoindre le chef arverne. Il contribua à la défense de Gergovie, et peu s'en fallut qu'il ne tombât aux mains de l'ennemi : surpris dans sa tente pendant son sommeil, il n'eut que le temps de sauter à cheval. Un peu plus tard, lorsque Vercingétorix se fut enfermé dans la place d'Alesia, Teutomatus lui amena un nouveau contingent de 5,000 Nitiobroges.

La domination romaine. — Rome conquit doublement la Gaule : par les armes et par la civilisation. Les Gaulois romanisés adoptèrent très vite les mœurs du vainqueur, sa langue et sa religion. Les villes se construisirent sur le modèle de celles de l'Italie, avec des cirques, des thermes, des théâtres et des temples. Aginnum, qui s'appellera plus tard Agen, était après Bordeaux une des grandes villes de l'Aquitaine. C'est le nom sous lequel les Romains désignèrent tous les pays du Sud-Ouest, de la Loire aux Pyrénées. Aginnum eut sans doute son temple de Jupiter et posséda son amphithéâtre : les ruines s'en voyaient encore il y a trois cents ans. Les fouilles ont mis à jour des fragments de marbre et de porphyre, des mosaïques, des médailles, des tronçons de colonnes, des inscriptions. Une visite au Musée d'Agen, où l'on conserve quelques-unes de ces antiquités, peut donner une idée des splendeurs de cette cité à l'époque romaine.

D'autres villes s'échelonnaient le long du fleuve. Beaucoup ont disparu et leur nom même a péri. Au confluent du Lot et de la Garonne, Aiguillon a remplacé une importante localité gallo-romaine ; plus bas, sur la rive opposée, Le Mas d'Agenais s'est bâti sur l'emplacement de Pompejacum, qui fut une ville considérable à en juger par son cimetière : il est si riche en débris d'ossements que depuis cinquante ans on l'exploite pour l'amendement des terres sablonneuses. Dans la vallée du Lot, Excisum (aujourd'hui Eysses) nous a laissé, comme témoignage de sa grandeur passée, des inscriptions, un cimetière assez vaste, un tombeau de marbre et les ruines d'un temple circulaire. En dehors des villes, nombreuses étaient les habitations de campagne. Le flanc des côteaux qui bordent la Garonne et le Lot en était couvert. Presque partout, on rencontre les fondations antiques, les salles pavées en mosaïque, les tuiles à rebords. On en a découvert jusque dans certaines landes actuellement envahies par les sables. Près de Moncrabeau, sur la rive droite de la Baïse, se dressait à mi-côte une splendide habitation que l'on désigne sous le nom de villa Bapteste. Les fondations ont permis d'en reconstituer le plan. Quelques mosaïques, d'un art exquis, font vivement regretter la destruction de cette riche demeure.

De nombreuses routes sillonnaient le territoire d'Aginnum. Il en reste encore des vestiges. La voie de Toulouse à Bordeaux par les rives du fleuve est, en certains endroits, très apparente. Une autre route, dite la Ténarèze, allait de des Pyrénées à la Garonne à travers les Landes qu'elle coupait en ligne droite. Elle franchissait le fleuve un peu au dessus d'Aiguillon et se prolongeait sur la rive gauche du Lot jusqu'à Excisum. Dans cette partie de son cours elle porte encore le nom de Cami-Herrat. Une autre route assez bien conservée, (celle d'Agen à Lectoure par Laplume) reste connue dans le pays sous le nom de la Peyrigne.

Par cette description rapide, on peut juger du large bien-être que les Romains avaient su donner au pays en échange de l'indépendance. La liberté politique n'existait plus, mais chacun des anciens peuples gaulois avait en matière d'administration une liberté réelle qui lui suffisait. Avec beaucoup d'habileté, Rome fit oublier la grande patrie nationale en faisant prospérer la petite patrie municipale. Les plus pleinement heureux de nos ancêtres sont encore ceux qui ont vécu dans les deux premiers siècles de notre ère.

Avec le siècle suivant, cette situation brillante commence déjà à se modifier. En l'année 276, eut lieu une terrible invasion dont les historiens ne parlent pas. Plus de soixante villes furent alors détruites.

Vers la fin du troisième siècle, le christianisme fit son apparition sur le territoire d'Aginnum. En ce temps, il y avait, non loin de Pompejacum, un temple consacré au soleil. A un certain jour de l'année, on en voyait sortir une roue enflammée qui, après avoir plongé dans la rivière voisine, remontait dans le temple. Saint-Vincent s'y rendit, fit échouer le prodige et fut condamné à avoir la tête tranchée. Presque vers le même temps, Saint-Caprais et Sainte Foi subirent le martyre à Aginnum. Cette dernière fut brûlée à petit feu pour avoir refusé de sacrifier à Diane.

Les beaux temps de l'empire romain sont finis : l'administration impériale ne respecte plus la liberté individuelle; les impôts pèsent plus lourdement sur les populations; l'armée cesse de se recruter parmi les citoyens et ne se compose plus guère que d'étrangers; et voici que les Barbares longtemps contenus par le Danube et par le Rhin commencent à apparaître.

Les Barbares. — Dans les derniers jours de l'année 406, une nuée de Vandales, de Suèves et d'Alains franchissent le Rhin sur la glace. Durant trois années ils parcourent l'Aquitaine, y amoncellent les ruines. Peu de villes échappèrent à ce terrible fléau. A peine le pays sortait-il de cette tourmente que les Wisigoths fondent sur lui. Ces nouveaux venus sont, d'ailleurs, moins grossiers et moins féroces. Ils avaient déjà reçu l'influence de la civilisation romaine ; aussi les empereurs imaginèrent-ils de les établir dans le sud-ouest de la Gaule pour qu'ils la défendissent contre les autres barbares. Les Wisigoths ne traitèrent pas la population gallo-romaine en vaincue ; mais, par malheur, ils étaient ariens, c'est-à-dire qu'ils n'admettaient point la divinité du Christ, et ce désaccord en matière de foi empêcha la fusion des deux peuples. Les vaincus méprisèrent et haïrent leurs vainqueurs.

Aussi lorsque les Francs de Clovis marchèrent contre le royaume des Wisigoths, furent-ils accueillis avec empressement par les évêques et par les populations de l'Aquitaine. Pourtant celles-ci devaient perdre au change. La bataille de Vouillé eut pour elles des conséquences désastreuses. A une domination relativement douce succéda un régime de fer. L'Aquitaine, partagée entre les rois francs, ne fut plus qu'une terre à butin, mise en coupe réglée. Ce qu'elle a souffert depuis Clovis jusqu'à Charlemagne, nul ne saurait le dire; les vaincus n'ayant pas eu le loisir d'en écrire l'histoire. Un moment elle réussit à se détacher de la monarchie franque; mais lorsque son duc Waïfre, longtemps réduit à se cacher dans les forêts du Périgord et du Quercy, puis traqué de caverne en caverne, eut fini par succomber, c'en fut fait de son indépendance. Toutefois, pour donner un semblant de satisfaction à ce désir d'autonomie, les Carolingiens érigèrent souvent le duché en royaume en faveur de leurs fils.

L'anarchie féodale. — Lorsque sous les faibles successeurs de Charlemagne le pouvoir central se fut affaibli, et que ducs et comtes en furent arrivés à se regarder comme propriétaires des charges dont le roi les avait investis, l'Aquitaine redevint indépendante. Le prince se trouvait impuissant à défendre ses peuples contre les pirates Northmans qui impunément saccagèrent Sos, Mézin, Condom, Eysses et Agen. Alors les petits propriétaires cherchèrent un appui plus près d'eux, s'adressèrent à ceux de leurs voisins qui étaient plus riches ou plus forts. Le régime féodal qui remplaça le pouvoir central par une foule de pouvoirs locaux est donc né ici, comme partout ailleurs, d'un besoin de protection. Au dixième siècle, l'Agenais appartient presque en entier aux ducs de Gascogne. C'était une puissante maison féodale qui dominait sur tout le pays entre les Pyrénées, la Gimonne, la Garonne et l'Océan. Lorsqu'elle s'éteignit en 1032, l'Agenais passa aux comtes de Poitiers qui prenaient aussi le titre de ducs d'Aquitaine.

On sortait des terreurs de l'an mil et les croisades allaient commencer. Jamais la foi ne fut plus ardente. Aussi la terre semble-t-elle « dépouiller sa vieillesse et se vêtir d'une blanche parure d'églises nouvelles ». Une révolution s'opère alors dans l'architecture religieuse. Les piliers s'élancent avec plus de légèreté, les voûtes montent avec plus de hardiesse. Entre toutes ces églises construites dans le style dit *roman*, celles de Moirax, de Layrac, de Sainte-Livrade, de Saint-Sardos et de Saint-Caprais (actuellement la cathédrale) méritent une place à part. En même temps se fondaient les monastères, seuls asiles de paix en ces siècles de violences. La violence était tellement dans les mœurs qu'on la trouve même à l'origine d'une de ces pieuses fondations. Raymond Bernard, évêque d'Agen, venait d'instituer au Paravis un couvent destiné à recevoir des femmes de noble naissance. Mais les bâtiments une fois construits, l'évêque se trouvait embarrassé faute de religieuses pour peupler le nouveau couvent. Sur ces entrefaites et par un hasard providentiel, il se rencontra qu'un monastère du diocèse de Toulouse envoyait vingt religieuses à l'abbaye de Fontevrault près de Saumur. Les « servantes du seigneur descendaient le fleuve de Garonne » lorsque l'évêque leur barrant le chemin, prit sur lui de leur donner une autre destination. Il les envoya au Paravis.

L'Agenais aux Comtes de Toulouse sous la suzeraineté de l'Angleterre. — Par son mariage avec Henri II roi d'Angleterre, Éléonore, héritière de la maison de Poitiers, avait fait passer sous la domination anglaise le duché d'Aquitaine et, par conséquent, le Comté d'Agenais qui en faisait partie (1151). Presque aussitôt, en 1196, Richard Cœur de Lion, fils de Henri II, donnait sa sœur Jeanne au comte de Toulouse avec l'Agenais pour dot.

C'était un bien puissant seigneur que le comte Raymond VI. Outre le Toulousain et l'Agenais, il possédait le Quercy, l'Albigeois, le Rouergue, le Comtat Venaissin et avait la suzeraineté sur le reste du Languedoc. Nul domaine plus riche que le sien. Le commerce y avait enrichi les villes ; la féodalité y était moins oppressive que dans les pays du nord ; nobles et bourgeois vivaient rapprochés par l'exercice des charges municipales; enfin, chose rare par ces temps de croisade, il y régnait un remarquable esprit de tolérance religieuse. C'est sur ce terrain favorable que s'était développée la secte à laquelle on donna le nom d'*Albigeois*, parce qu'elle comptait de nombreux adhérents dans le diocèse d'Albi. Ils avaient organisé une église rivale de l'église catholique, ayant ses prêtres, ses évêques et ses conciles.

La Croisade des Albigeois. — Dès l'année 1101 on trouve des hérétiques à Agen. Il y avait donc un siècle que cet état de choses durait, lorsqu'en 1208 le pape Innocent III se décida à faire disparaître ce foyer d'hérésie. Raymond VI s'étant refusé à expulser les hérétiques de ses états, le légat pontifical, Pierre de Castelnau, l'avait frappé de l'excommunication. Mais comme il repassait le Rhône, le légat fut assassiné par un serviteur du comte. « Anathème sur le comte de Toulouse ! s'écria Innocent III. Allez, soldats du Christ ! que les hérétiques disparaissent ! ». C'était une croisade d'extermination dont il donnait le signal contre les Albigeois « pires que les Sarrasins. »

La chevalerie du nord répondit à cet appel, et alors commence le drame le plus sanglant de toute notre histoire. Tandis que la grande armée des croisés descendait la vallée du Rhône pour s'abattre sur le Languedoc, le contingent fourni par les diocèses de Bazas, de Cahors et de Limoges traversa l'Agenais. Elle détruisit Gontaud, Tonneins et assiégea Casseneuil. La place était très forte ; mais la garnison, se voyant hors d'état de soutenir le siège, demanda à capituler. On brûla vifs ses habitants.

Pendant ce temps, la grande armée marchant sur Béziers avait passé sa population au fil de l'épée. Puis, après avoir battu Raymond à Castelnaudary, le chef de la Croisade, Simon de Montfort, s'était dirigé vers l'Agenais. Les châteaux de Masquières, d'Anthe et de Tournon, tombèrent en son pouvoir. Penne, le boulevard de l'Agenais du côté du Quercy, fit une plus longue résistance. Le château possédait une forte garnison, un puits profond, des munitions de bouche et de guerre en abondance. L'armée de Montfort était redoutable par le nombre ; la présence de Saint-Dominique, l'un des organisateurs de l'Inquisition, redoublait encore son fanatisme. Tout d'abord, le gouverneur du château, Hugues Delfar, réussit à détruire les perriers (1) et autres machines de l'assiégeant. Mais, à la longue, celles-ci firent une brèche et il fallut se résigner à capituler. La garnison eut la vie sauve. La colère des croisés se porta sur l'habitant : 74 hérétiques furent jetés aux flammes. Le siège avait duré cinq mois ; « il aurait duré jusqu'au jour du jugement, dit un chroniqueur gascon, si l'eau n'avait manqué. » Marmande, Gontaud, Biron, Tonneins opposèrent une résistance moins vigoureuse. Une grande victoire remportée à Muret par Simon de Montfort, acheva la ruine du comte de Toulouse (1213). Pourtant sa cause trouvait encore des défenseurs dans l'Agenais. Il fallut que Montfort dirigeât de ce côté une nouvelle expédition. Marmande fut démantelée ; les autres places fortes se soumirent.

Casseneuil seule résista. A en croire le légat, cette ville était un nid d'impiété, le centre de l'hérésie. Les approches en étaient difficiles. Elle avait à peu près la forme d'un triangle : un côté baigné par le Lot, l'autre par la Lède, et le troisième par un fossé plein d'eau, en arrière duquel se dressait un mur en briques de quinze pieds d'épaisseur. Les assiégeants construisirent une tour en bois, dont le toit plat supportait une seconde tour à cinq étages et garnie d'arbalétriers. Le tout était revêtu de peaux de bœufs récemment écorchés afin de protéger les charpentes contre les matières incendiaires. La tour une fois poussée au bord du fossé, les soldats de l'étage inférieur jetaient des fascines pour le combler, tandis que d'en haut les arbalétriers tenaient les assiégés à distance. Bientôt la tour toucha au mur d'enceinte. L'assaut était pour le lendemain ; mais il n'eut pas lieu, la garnison s'étant enfuie durant la nuit. Irrités de la longueur du siège qui avait duré six semaines, les croisés brûlèrent la ville après en avoir massacré les habitants.

L'Agenais ne reprit les armes qu'à la mort de Simon de Montfort, en 1218. La guerre tourna cette fois à l'avantage du comte de Toulouse. Le seul succès remporté par Amaury de

---

(1) Machines mues par des cordes tendues et qui lançaient de gros blocs de pierre.

Montfort, le fils de Simon, fut la prise de Marmande dont la population fut exterminée. Partout ailleurs il échoua. En 1222, il ne possédait plus dans l'Agenais que le château de Penne. Désespérant de conserver plus longtemps la conquête de son père, Amaury la céda au roi Louis VIII. Cette intervention du roi de France découragea Raymond VII, le nouveau comte de Toulouse. Il se résigna à traiter. Il fiança sa fille Jeanne à Alphonse, frère de saint Louis, et lui assura sa succession (1229). C'est ainsi que l'Agenais passa à un prince capétien. C'était un grand pas de plus vers l'unité française : résultat merveilleux et qui l'eût été davantage s'il n'avait été acheté au prix de tant de sang et de tant de ruines !

L'administration d'Alphonse. — Louis VIII avait conquis la terre : Alphonse sut conquérir les habitants. Il dota ses nouveaux états d'une administration à peu près semblable à celle qui régissait le domaine royal. Il mit à la tête de l'Agenais et du Quercy un sénéchal qui était à la fois chef militaire, percepteur d'impôts et grand justicier. Sous ses ordres étaient placés les châtelains chargés de la garde des places fortes. Penne, Sainte-Foy, Marmande et beaucoup d'autres, sans doute, eurent leurs châtelains. Les impôts furent perçus plus régulièrement; on surveilla de plus près les officiers ; la justice fut mieux rendue. Ce gouvernement d'Alphonse permit au pays de se relever de ses ruines. Pour la première fois depuis l'empire romain, le Midi eut une administration intelligente.

Libertés municipales ; villeneuves et bastides. — Les villes arrivèrent alors à un degré de prospérité qu'elles ne connaissaient plus depuis longtemps. Agen était en ce temps une sorte de république municipale. A l'opposé de ce qui s'était passé dans le nord de la France, elle avait conquis ses libertés sans effusion de sang. De bonne heure il s'y était formé une bourgeoisie opulente, habituée à la pratique des affaires. Au moment où finit la guerre des Albigeois, Agen possédait le choix de ses magistrats. Les douze consuls commandaient les soldats et rendaient la justice. Un conseil de jurats élus parmi les anciens consuls administrait les finances. La réunion des consuls et des jurats constituait la jurade, qui délibérait et statuait sur les questions importantes. La ville jouissait, on le voit, d'une véritable indépendance. Elle possédait un sceau, symbole de son pouvoir judiciaire et législatif, et sur lequel figuraient ses armes : une tour et un aigle. Agen jouissait même d'un privilège assez rare : le suzerain devait prêter serment le premier, jurer de défendre et de respecter les coutumes. Lorsque la ville passa à Alphonse, elle ne voulut pas en démordre, et il fallut trouver une formule de serment compatible avec la dignité du suzerain et la susceptibilité des Agenais. L'autorité de l'évêque sur la ville, très forte à l'origine, se trouvait singulièrement amoindrie à l'époque où nous sommes arrivés. Elle se réduisait alors à quelques dîmes et à des privilèges honorifiques. C'est ainsi que lorsqu'un nouvel évêque faisait son entrée dans la ville, il était reçu en grande pompe au seuil de l'église collégiale (1), placé sur un siège devant l'autel de Saint-Caprais, puis porté à bras par les quatre principaux barons du diocèse.

Depuis quelque temps les villes se multipliaient dans l'Agenais. Les seigneurs et les abbés, pour accroître la valeur de leurs domaines, y créaient de nouveaux centres d'habitation. Sur un terrain bien choisi, on édifiait une église ; on élevait un mur d'enceinte ; on y attirait les étrangers par l'établissement d'un marché, par des concessions de privilèges. C'était un lieu d'asile protégé par la *paix de Dieu*. On désignait sous ce nom une vaste association organisée par l'Église pour la défense de tous les opprimés. Le peuple appelait ces villes des *sauvetats*. Six communes du département portent encore ce nom. D'autres s'appelaient des *villeneuves*. La plus importante de toutes, Villeneuve-sur-Lot, est une création d'Alphonse. Elle fut bâtie sur un plan régulier, entourée d'un fossé, dotée d'une enceinte avec des tours au dessus de chaque porte. On désignait sous le nom général de *bastides* tous les lieux d'asile défendus par des murailles. Les bastides étaient construites sur le plan d'un camp romain. Une place carrée, dite Les Cornières et bordée d'arcades, en occupait le centre. Là se trouvait la halle dont

---

(1) Eglise qui, sans être cathédrale, possédait un chapitre de chanoines.

le premier étage servait de maison commune. Les rues se coupaient à angle droit. Le mur d'enceinte, garni de tours carrées, était protégé par un fossé. Parmi ces bastides, les unes établies dans les vallées devinrent des villes de commerce et d'industrie; les autres restèrent des postes militaires. La frontière de l'Agenais en est semée, du côté du Quercy et du Périgord. Puymirol, Tournon, Sauveterre, Montflanquin, Villeréal, Castillonnès, Miramont, la Sauvetat-du-Dropt, Villeneuve-de-Duras furent des bastides. Elles étaient moins nombreuses au sud de la Garonne. Une de ces dernières, celle de Vianne, s'est conservée intacte. Elle possède encore son mur d'enceinte rectangulaire, muni à chaque angle d'une tour ronde et percé, au milieu de chaque côté, d'une porte que surmonte une tour carrée. Elle a conservé aussi le souvenir du sire de Montcassin qui, même après sa mort, la sauva des Anglais. Revêtu de ses armes et appuyé aux créneaux, son cadavre continuait à servir d'épouvantail. « Voilà ce diable de Montcassin qui vit encore ! » disaient les Anglais, et ils n'osaient approcher.

Les Châteaux. — C'est pareillement à la suite de la croisade des Albigeois que l'Agenais se hérisse de forteresses. Jusque là, les châteaux étaient, pour la plupart, de simples tours sur une motte avec palissade et fossé ; mais ce système de défense commençait à paraître insuffisant. Vers la fin du XIIIe siècle, sur les confins de l'Armagnac, se dressèrent les *châteaux gascons*, tous reconnaissables à leur corps de logis rectangulaire, à leur porte étroite, ouverte souvent au premier étage et servie par des échelles. Autour d'Agen, dans un rayon d'une dizaine de kilomètres, on comptait une quinzaine de châteaux. Castelnoubel, Castelculier, l'imposante citadelle de Lusignan, Montpezat, une des places les plus fortes de l'Agenais, et Madaillan qui devait soutenir tant de sièges, étaient les plus considérables de ces forteresses qui enserraient la ville comme d'un réseau. Aux portes de Fumel existait déjà un château de Bonaguil. On le reconstruisit deux cents ans plus tard, et il devint alors le remarquable spécimen d'architecture militaire que nous avons encore sous les yeux. De la forteresse primitive il ne reste aujourd'hui que le bas du donjon.

L'Agenais restitué par Saint-Louis au roi d'Angleterre. — Sous l'administration d'Alphonse le pays venait donc de retrouver sa prospérité, lorsqu'un scrupule exagéré de Saint-Louis lui prépara de nouveaux revers. Le roi d'Angleterre prétendait qu'en donnant sa sœur Jeanne au comte de Toulouse avec l'Agenais pour dot, Richard Cœur-de-Lion avait mis cette condition que les fils à naître de ce mariage tiendraient ce pays en fief des rois anglais. Raymond VII n'ayant eu qu'une fille, Henri III réclamait l'Agenais. Des doutes sur la légitimité de cette acquisition vinrent à Saint-Louis, et il promit de la rendre à la mort d'Alphonse et de sa femme. Les contemporains ont sévèrement jugé ce traité d'Abbeville (1259), qui restituait au roi d'Angleterre une partie des conquêtes de Philippe-Auguste, c'est-à-dire outre l'Agenais, le Limousin, le Périgord, le Quercy et la Saintonge au sud de la Charente.

La guerre de Cent Ans. — Le roi de France avait cependant conservé dans l'Agenais le territoire de Saint-Sardos. Sur cette enclave française, Charles IV le Bel fit construire une bastide. Les Anglais la détruisirent et pendirent le procureur du roi de France à côté du poteau qui portait les armes royales. Charles IV envoya une armée qui s'empara d'Agen et de Lafox. Le seigneur de Montpezat avait eu dans toute cette affaire une conduite louche. On disait de lui qu'il avait un vêtement aux couleurs de France mais dont la doublure était aux couleurs d'Angleterre, et qu'il le retournait suivant l'occasion. Son château fut jeté à terre. Puymirol et Penne furent à peu près les seules forteresses qui n'ouvrirent point leurs portes aux Français.

Ces hostilités servirent de prélude à la lutte mémorable dite *Guerre de Cent ans*. Au début, ce ne fut pas une guerre nationale, mais simplement une querelle féodale entre deux compétiteurs à la couronne de France. Aussi presque toujours ce furent des intérêts locaux qui déterminèrent le choix du parti.

Entre Condom et Mézin il y avait une rivalité sourde. C'est à Condom que se tenait la Cour de justice pour la portion de l'Agenais qui est au sud de la Garonne, et Mézin s'en trouvait humiliée. Condom s'étant déclarée pour le roi de France, Mézin se rangea sous la bannière du prince anglais. La ville d'Agen ayant embrassé la cause française, les seigneurs du voisinage, ses pires ennemis, se rallièrent au roi d'Angleterre. Il faut toutefois reconnaitre qu'au début beaucoup de villes se rattachèrent volontiers à Édouard III. L'administration anglaise respectait mieux leurs privilèges et se montrait beaucoup moins tracassière.

Dans la huitième année de la guerre, Jean, le fils ainé de Philippe de Valois, conduisit une grande armée dans l'Agenais. Il enleva aux anglais Miramont et Villefranche-du-Queyran. Damazan, qui l'avait arrêté pendant quinze jours, eut sa garnison passée au fil de l'épée. Au printemps de l'année suivante, en 1346, le prince royal se présenta devant Aiguillon avec une grosse armée. La Garonne, en ce temps-là, formait en face de la ville une ile assez étendue, où les Français établirent leur camp. Le petit bras du fleuve passait sous les murs de la place. Ils essayèrent deux fois d'y jeter un pont; mais deux fois il fut détruit. Alors Jean porta une partie de ses troupes sur la rive droite du Lot, entre cette rivière et le village de Nicole. Les assiégés se trouvèrent ainsi coupés de Tonneins, et le ravitaillement de la place devint dès lors fort difficile. Elle persistait cependant à tenir bon. Pour ne laisser aucun repos à la garnison, les Français se partagèrent en quatre corps qui se relayaient pour donner l'assaut: le premier attaquait depuis le matin jusqu'à prime (1); le second de prime à midi; le troisième de midi à vêpres, et le quatrième de vêpres à la nuit. Six jours durant, l'assaut ne discontinua pas. On eut ensuite recours à douze grosses machines qui lançaient d'énormes quartiers de roche; mais tout fut inutile. Le 20 août, en apprenant le désastre de Crécy, le prince royal se hâta de lever le siège. Il avait duré cinq mois. Il est vrai, fait remarquer à cette occasion un chroniqueur du temps, que le « chastel d'Aiguillon était un des forts du monde et le moins prenable. »

Il faut ensuite attendre dix ans pour que les opérations redeviennent sérieuses dans l'Agenais. En 1355, les lieutenants du prince de Galles mettent la main sur Port-Sainte-

---

(1) Six heures.

Marie, Clairac, Tonneins ; ils s'approchent d'Agen, brûlent ses moulins, mais n'osent pas s'attaquer à la ville. Ce n'est pas cependant qu'Agen fut une place bien forte. Le château de Montrevel, le Temple et l'Évêché (1) se trouvaient en état de résister à une attaque ; mais le mur d'enceinte était inachevé, de sorte qu'à la première alerte il fallait abandonner les faubourgs.

C'était ailleurs que se décidaient les destinées de l'Agenais. La défaite de Poitiers et la captivité de Jean le Bon valurent à la France le désastreux traité de Brétigny qui cédait à Édouard III les pays situés au sud de la Loire (1360). Ainsi l'Agenais redevenait Anglais ; mais, cette fois, ce fut sans enthousiasme. Le prince de Galles mécontenta les populations de la Guienne (2) par l'établissement de nouveaux impôts et ne put en obtenir aucun subside. Villeneuve, Astaffort, La Salvetat se déclarèrent pour les Français, dès que Charles V eut recommencé la guerre. Condom chassa sa garnison anglaise. En 1370, le duc d'Anjou, frère du roi, fit tout le long de la Garonne une promenade triomphale. Aiguillon, qui avait résisté cinq mois en 1346, ne tint pas quatre jours. La mort du prince de Galles porta à la domination anglaise en Guienne un coup dont elle ne se releva pas. A la mort de Charles V, en 1380, les Anglais n'y possédaient plus que Bordeaux.

Lorsqu'en 1415 la guerre de Cent ans recommence, l'Agenais se trouve éloigné du théâtre des hostilités. Durant les règnes de Charles VI et de Charles VII les grands coups se frappent ailleurs. Ce n'est pas toutefois que l'Agenais soit en paix. Les campagnes sont désertes ; le pays achève de se murer. Ce ne sont que places fortes, châteaux, camps retranchés, églises crénelées. Les moulins eux-mêmes, témoin celui de Barbaste, sont mis à l'abri d'un coup de main.

En 1437, un capitaine d'origine espagnole, Rodrigue de Villandrando, à la tête de routiers aussi bandits que soldats,

---

(1) Le château de Montrevel était sur l'emplacement de l'Hôtel-de-Ville actuel ; le Temple se trouvait à l'extrémité de la rue Lafayette ; l'Évêché était une forteresse flanquée de hautes tours, près du Marché actuel.

(2) Ce nom avait remplacé celui d'Aquitaine.

vint dans l'Agenais combattre les Anglais. Il leur enleva Fumel, Lauzun, La Sauvetat-du-Dropt, Mauvezin. Il préparait ainsi le terrain à l'armée royale, qui se présenta l'année suivante. Elle était forte de plus de 20,000 hommes et commandée par un Agenais, Poton de Xaintrailles. Tonneins et Clairac furent repris par les Français. Succès de courte durée, car dès que Xaintrailles eut quitté la province, les Anglais y reparurent. Ils prirent une terrible revanche. Tout le pays sur la rive gauche retomba en leur pouvoir et, sur la rive droite, leurs partisans se logèrent dans les châteaux de Clermont-Dessus, Tournon, Fumel, Cuzorn. Ainsi établis à cheval sur la frontière de l'Agenais et du Quercy, ils promenaient leurs dévastations dans ces deux pays. Il fallut, pour en avoir raison mettre sur pied toutes les milices du Quercy. Elles prirent Cuzorn et le rasèrent (1442). Cette même année, le roi de France traversa l'Agenais à la tête d'une armée qu'il conduisit jusque dans les Landes. Parmi les villes occupées par les Anglais, beaucoup lui ouvrirent leurs portes. La plupart devaient lui rester fidèles jusqu'à la conquête définitive de la Guienne, en 1453.

Puissance de la féodalité après la guerre de Cent ans. — Lorsque cette longue guerre contre l'Anglais a pris fin, l'on constate que la situation politique de l'Agenais s'est grandement modifiée. La puissance s'est déplacée. La féodalité s'est fortifiée tandis que les communes ont perdu du terrain. Les seigneurs ont profité de la guerre pour agrandir leurs domaines. Par leurs empiètements sur le territoire d'Agen on peut juger des spoliations qu'ils ont pu commettre ailleurs. Cette ville possédait au nord de la Garonne un pays assez étendu dont Castelculier, Monbalen, Laugnac et Saint-Hilaire marquent à peu près les limites : quatre lieues en long et en large. Par malheur, Agen avait à ses portes des loups dévorants et, en particulier, le seigneur de Madaillan. Durant la guerre, cette seigneurie s'était fortement accrue aux dépens de ses voisins, les petits seigneurs de Pujols, de Boville, de Bajamont et de Lusignan. Les abbayes de Clairac, de Pérignac, de Saint-Sardos, de Sainte-Livrade avaient eu aussi à souffrir de ces déprédations. Du château de Montpezat qui se dressait au centre de leurs possessions, les seigneurs de Madaillan dominaient tout le pays entre le Lot, la Garonne et le ruisseau de Bourbon. Leur politique constante était de supprimer les enclaves gênantes qui séparaient leurs différents domaines. Le territoire d'Agen se trouvant à leur convenance, ils avaient profité de l'anarchie des guerres anglaises pour y faire une large brèche.

Agen est alors en pleine décadence. Sa population est tellement réduite qu'elle ne peut pas relever ses murailles. Les rois n'ont plus d'intérêt à la ménager, depuis qu'elle leur appartient. Sa position frontière entre le Languedoc français et la Guienne anglaise en faisait, pendant la guerre, un lieu de concentration pour les armées : elle a perdu désormais cette importance stratégique. A toutes ces causes de ruine viennent s'ajouter les maux intérieurs dont est travaillée cette petite république. Jusque là le consulat avait été un corps aristocratique. La petite noblesse et la bourgeoisie, magistrats, avocats, notaires, médecins, marchands en gros accaparaient cette charge administrative. Les artisans de la ville et les populations rurales finirent par s'aviser qu'ils n'étaient pas représentés dans la jurade et qu'ils ne pouvaient espérer de coiffer un jour le chaperon de consul. Dès 1481, ils demandèrent en vain que l'on admît deux artisans et deux laboureurs dans la composition du corps consulaire. Un peu plus tard, en 1514, ils se soulevèrent, mais cette sédition qui dura deux mois n'eut pas plus de résultat.

Les commencements de la Réforme religieuse. — Les règnes de Louis XI, de Charles VIII et de Louis XII qui remplissent l'intervalle compris entre la guerre de Cent ans et la Réforme, furent pour l'Agenais assez vides d'évènements ; mais avec François I*er* commence une période singulièrement orageuse. Le pays va être plongé dans les horreurs de la guerre religieuse, la plus laide et la plus atroce des guerres.

D'assez bonne heure les doctrines de Luther pénétrèrent dans l'Agenais. André Mélanchthon, neveu du grand réformateur de ce nom, vint à Tonneins propager les idées nouvelles. Nérac fut un foyer de propagande plus active encore. Au commencement du quatorzième siècle, les sires d'Albret, devenus seigneurs de Nérac, avaient quitté leurs landes stériles pour venir s'établir dans la grasse vallée de la Baïse. Le château de Nérac, dont il ne reste qu'une aile, la délicieuse allée de la Garenne et les quatre tours jumelles du moulin de Barbaste conservent encore leur souvenir. Jean d'Albret avait continué la grandeur de sa maison en épousant l'héritière de la Navarre. Son fils Henri ne laissa point exécuter dans ses états les édits de François 1er contre les réformés. Dès 1528, Marguerite de Valois, sa femme, attirait à la cour de Nérac les apôtres persécutés de la foi nouvelle. Lefèvre d'Etaples, le patriarche de la Réforme française s'y rencontra avec le jeune Calvin.

Vers le même temps, les persécutions commençaient à Agen. La présence de l'évêque et l'existence de nombreux ordres monastiques (Grands Carmes, Cordeliers, Augustins, Dominicains et autres) ne permettaient pas aux doctrines nouvelles de s'y développer. En 1539, un religieux du nom de Vindocin accusé d'hérésie fut jeté à la Gabio (1), puis brûlé vif sur le Gravier. Il vit venir la mort avec résignation, ne cessa d'invoquer le nom de Jésus au milieu des flammes et de prier pour ses bourreaux. Deux savants étrangers qui exerçaient la médecine à Agen, Scaliger et Nostradamus, furent inquiétés pour leurs opinions. En 1560, alors que Nérac avait un culte public et que les rues retentissaient du chant des psaumes, à Agen les protestants en étaient réduits à tenir leurs réunions secrètes.

La guerre de religion. — C'est à cette date que la lutte éclate. Les réformés sont les maîtres à Clairac, à Tonneins, à Montflanquin, à Sainte-Livrade, à Villeneuve, à Penne, à Sainte-Foy-la-Grande. Un synode fut tenu à Clairac ; trente ministres y assistaient. Cette assemblée eut une grande influence sur les progrès de la Réforme en Guienne. En 1561, le sang coula. Le seigneur de Fumel avait voulu empêcher un ministre protestant de prêcher devant ses vassaux. Ceux-ci forcèrent le château, blessèrent le seigneur d'une arquebusade et l'égorgèrent dans les bras de sa femme. Le couvent des Franciscains à Marmande et celui des Augustins à Agen

---

(1) La prison de l'Evêché.

furent livrés aux flammes. Dans cette dernière ville, en 1562, 800 réformés entrèrent par surprise : le culte catholique fut interdit, les églises furent pillées ; on installa les prêches jusque dans la cathédrale. Il n'y avait guère qu'Auvillars et Condom qui, à cette date, fussent restés entièrement catholiques.

L'entrée en scène du terrible Monluc vint brusquement entraver les progrès des protestants. Il possédait le château d'Estillac, aux portes d'Agen, circonstance qui valut à cette ville catholique une protection constante et toujours efficace.

Il commença par écraser à Fougarolles les milices de Nérac. « Nous étions si peu, écrit-il, que nous ne pouvions tout tuer. » On savait, disait-il, par où il était passé, « car, par les arbres sur les chemins, on en trouvait les enseignes. » A son avis, un pendu produisait plus d'effet que cent hommes tués. A son approche, les 800 protestants qui tenaient Agen, abandonnèrent la ville. De là, Monluc courut à Penne et en fit le siège avec le concours d'une troupe d'Espagnols. Malgré la belle résistance du capitaine Charry la place fut prise. A la fin de l'année 1562, les troupes protestantes se trouvaient refoulées en Gascogne et en Quercy. Rentré à Agen, dont il fit sa résidence et où l'on peut voir encore, rue des Juifs, la façade de son hôtel, Monluc organisa la répression. Elle fut terrible. Du 13 août 1562 au 12 mars 1563, les gibets de la Porte du Pin, que l'on désignait sous le nom de *Consistoire*, ne virent pas moins de 500 pendaisons.

Les sept années qui suivirent se passèrent sans évènements bien retentissants. En 1569, une armée de protestants, commandée par Montgommery, ravagea tout le bas Agenais. Montgommery avait fait jeter un pont de bateaux sur la Garonne à Port-Sainte-Marie. Pour le détruire, Monluc eut recours à un stratagème qui satisfaisait à la fois les besoins de la cause et ses rancunes personnelles. Il s'avisa de faire détacher les moulins flottants du juge-mage Sevin, son ennemi particulier. Il pouvait être alors onze heures avant minuit. Le moulin arriva au pont vers une heure. Au bruit qu'il faisait, les sentinelles donnèrent l'alarme. On se mit à tirer force arquebusades « sur le pauvre moulin qui ne disait mot », mais qui donna un tel choc qu'il emporta tout le pont, câbles, chaines et bateaux.

La dernière expédition de Monluc fut dirigée contre le château de Madaillan. Le vicomte de Sérignac s'en était emparé et, de là, il inquiétait la ville d'Agen. Mais le château était si fort que le canon de Monluc n'en put venir à bout. C'est sur cet échec que se ferme sa longue carrière. Monluc fut, avant tout, un chef de partisans qui excella dans la guerre de surprises et de coups de main. Ce fanfaron de terreur ne fut pas pire que ses contemporains, et la férocité qu'il étale dans son livre des *Commentaires* n'était que trop dans les mœurs du temps. Ce qu'il combattait surtout dans les huguenots, c'étaient des révoltés contre le roi, et on ne saurait oublier l'admirable lettre dans laquelle il recommande au prince de « les laisser vivre en toute sûreté et liberté de conscience. »

La Saint-Barthélemy, ne fit pas en Agenais beaucoup de victimes, sans doute parce que les protestants y étaient trop nombreux. Cet odieux massacre acheva de creuser le fossé entre les deux partis et ralluma la guerre.

En 1577, Henri de Navarre fit une tentative sur Marmande. Il n'avait qu'un mauvais canon, une couleuvrine, deux faucons de Casteljaloux, et de quoi tirer 120 coups. L'armée royale, commandée par Biron était accourue pour soutenir la place. Le roi de Navarre dont les forces étaient très inférieures chargea Duplessis-Mornay d'aller traiter avec Biron. Ils venaient de signer la trêve, lorsque survint un incident qui faillit tout gâter. La couleuvrine avait cessé de se faire entendre ; elle venait de lancer son dernier boulet. Biron surpris de ce silence, en soupçonnait déjà la cause ; mais Duplessis-Mornay sauva la situation en lui persuadant que la brèche se trouvait sans doute praticable et que les troupes se préparaient à l'assaut. La trêve fut signée, et Marmande reconnut Henri pour gouverneur.

Un moment l'Agenais respira. Ce fut après la paix de Fleix en 1580. Une chambre de justice, composée de magistrats éminents tels que de Thou, Loisel, Séguier, vint à Agen tenir des assises solennelles. Elle prêcha la concorde et l'observation des édits. Pour la première fois depuis trente ans, on vit des nobles punis pour leurs méfaits. Il était temps que le pays retrouvât sa sécurité. Lorsqu'après la publication de la paix, les paysans réfugiés dans les places fortes retournèrent à leurs champs, ils purent contempler le désastre. Plus de 4,000 maisons étaient brulées; le bétail faisait entièrement défaut; en une seule année 500 laboureurs quittèrent l'Agenais pour passer en Espagne. Après vingt années de guerre la situation des partis restait la même: Agen, Villeneuve, Marmande avaient une majorité catholique; les réformés dominaient à Clairac, à Tonneins, à Tournon, à Montflanquin, dans le pays compris entre Duras et Ste-Foy. Puymirol et Layrac avaient une garnison protestante; il y en avait une autre à Caumont et son canon commandait le fleuve. Casteljaloux était mi-parti. Le centre du pays, tout autour d'Agen, était donc resté catholique, tandis qu'aux extrémités sous l'influence de trois centres de propagande active, Bergerac, Montauban et Nérac, le protestantisme continuait à l'emporter.

Au lendemain de la paix de Fleix, les horreurs recommencent. La garnison de Puymirol fait brûler 25 paysans dans une « borde » auprès de la Sauvetat-de-Savères. L'anarchie est plus complète que jamais. Un grand nombre de catholiques, reprochant à Henri III sa tiédeur, se détachent de la royauté et forment une Sainte-Ligue pour le maintien de « la religion antique de la monarchie. » Dès lors, on eut à côté du parti catholique et du parti protestant le parti de ceux qui restaient fidèles au roi. Les gouverneurs profitèrent du désarroi pour se rendre indépendants dans leurs provinces, et les villes pour s'administrer elles-mêmes. Agen, Marmande, Villeneuve, Sauveterre, Miradoux, Laplume, Aiguillon, Damazan adhérèrent à la Ligue.

Lorsqu'à la mort de Henri III, Henri de Navarre se fit proclamer roi de France, nombre de catholiques se rallièrent à lui; mais Agen n'en devint que plus ligueuse. Henri IV était son ennemi personnel. La ville n'oubliait pas qu'il avait tenté autrefois de lui imposer une citadelle, et elle lui en voulait d'avoir nourri ce dessein contre ses libertés. Elle continua à faire bonne garde. Bien lui en prit, car le sénéchal d'Agenais, Saint-Chamarand, essaya deux fois d'y entrer par surprise. En 1589, il fut tenu en échec par le bourg du Passage, à l'entrée du pont sur la Garonne. Il avait pourtant 4,000 hommes et trois canons; mais le Passage se trouvait en ce temps très fortifié, et il était d'ailleurs soutenu par une batterie de couleuvrines que les Agenais avaient installée sur l'autre rive. Saint-Chamarand dut se retirer. Deux ans plus tard, il renouvela sa tentative. Un matin, il se présente par le pont. Deux pétards font sauter la porte de la tour. L'ennemi atteignait déjà la grande place, lorsque les Agenais, revenant de leur surprise, le refoulèrent sur le Gravier, où ils en firent un grand massacre.

La fin de ces luttes fratricides approchait. Il y avait trente ans que l'on vivait dans des alertes continuelles. De temps en temps, on signait bien la paix ; mais tous ces traités n'étaient que des trèves. La foule les accueillait dans les villes par des acclamations ; les consuls en robe rouge s'en allaient en grande pompe sur le Gravier allumer le feu de joie ; et les cendres en étaient à peine refroidies que l'horrible guerre reprenait de plus belle. La campagne était devenue inhabitable : dans les villes, les bourgeois ne quittaient plus la pique et le mousquet, délaissaient leur commerce et leur industrie pour la garde d'une porte ou d'un rempart. Il semblait que le royaume achevât de tomber en dissolution, lorsque l'abjuration de Henri IV vint mettre fin aux guerres religieuses. Tout paraissait perdu et tout fut sauvé. Une lettre du roi aux Agenais, lettre « d'un bon père qui va au devant de ses enfants » commença l'apaisement des esprits. Le célèbre édit de Nantes (1598) consolida la réconciliation. Les protestants obtenaient le libre exercice de leur religion partout où il existait déjà. Il restait frappé d'interdiction à Marmande, à Villeneuve, à Agen et dans sa banlieue.

La guerre religieuse recommence sous Louis XIII. — L'Édit de Nantes valut au royaume vingt années de paix intérieure. Mais pour avoir désarmé, catholiques et protestants n'en restaient pas moins deux nations en présence : l'une regrettant l'unité religieuse, l'autre réclamant la liberté complète. On le vit bien lorsque Louis XIII se rendit dans le Béarn pour remettre le clergé catholique en possession de ses biens. Ce fut pour les protestants du Midi le signal d'une prise d'armes. Nérac dont ils s'étaient emparés fut repris par l'armée royale, mais seulement après deux mois de siège et un assaut meurtrier. Louis XIII vint en personne diriger les opérations contre la place de Clairac. La prise des premiers ouvrages coûta cher. Ensuite, il fallut enlever une à une les barricades établies à 2,000 mètres en avant des remparts. Les assiégés les défendirent avec autant d'insouciance du péril que si l'on eût tiré sur eux avec « des sarbacanes chargées de sucre. » Les femmes assistaient les hommes sur les remparts. Une volée de canon en emporta dix-huit qui chantaient des injures en lavant du linge sous un pont. Le 30 juillet, les batteries purent ouvrir le feu contre la place. Elle tint encore quatre jours ; mais enfin il fallut capituler. Les murs furent rasés et les habitants imposés à 70,000 écus (1621).

De là, le roi marcha contre Montauban. Repoussé de cette ville, il revint dans l'Agenais, mit le siège devant Monheurt, fit tonner contre cette petite place dix-huit pièces de gros calibre. Le roi accorda la vie sauve aux gentilshommes et aux soldats, mais il admit le pillage. Au signal donné par le canon, les troupes se ruèrent sur la malheureuse ville, la mirent à sac puis l'incendièrent

Après le départ de Louis XIII, l'armée alla mettre le siège devant Tonneins. Il y avait en réalité deux Tonneins ayant chacune leur enceinte. Mais, tandis que Tonneins-Dessus était très forte, Tonneins-Dessous n'était pas capable d'une longue résistance. Aussi fut-elle emportée dès le premier assaut. Tonneins-Dessus ne capitula qu'au bout de quarante jours. La garnison put sortir « armes et bagues (1) sauves, drapeaux ployés, mèche éteinte et caisse débandée. » Les deux villes furent réduites en cendres.

Ce fut là le dernier épisode des guerres religieuses dans l'Agenais. Les trente années qui suivent sont une époque de sécurité relative pour le pays. Pourtant en même temps que la guerre les autres fléaux n'ont pas disparu. En 1623, l'hiver fut si rigoureux que la glace de la Garonne supporta les voitures ; toutes les récoltes furent détruites. En 1629, 1630 et 1631 la peste sévit à Agen. Le Présidial, l'Ordinaire, la Chambre de l'Edit abandonnent la ville ; tout commerce s'arrête ; la misère est épouvantable. Des bandes de paysans

---

(1) Bagages.

sortis du Quercy s'abattent sur les campagnes; le château de Castelculier se transforme en un repaire de voleurs.

La Fronde. — Et toutes ces horreurs doivent encore se renouveler pendant la Fronde! Le prince de Condé avait pris les armes contre le gouvernement d'Anne d'Autriche et de son ministre Mazarin. Durant toute une année, en 1652, l'armée royale et celle du prince restèrent en présence dans l'Agenais. Presque toute la vallée de la Garonne était frondeuse. Pourtant, à Agen, la majorité des habitants voulait rester fidèle au roi. Lorsque Condé y entra, il se heurta à des barricades. Il avoua plus tard qu'il avait couru ce jour-là plus de dangers qu'en une grande bataille. Ce fut alors que de mauvaises nouvelles lui venant du Nord, il quitta brusquement la ville et que, franchissant en sept jours la distance qui sépare la Garonne de la Loire, il s'en alla tomber à Bléneau sur le maréchal d'Hocquincourt qui le croyait à cent lieues de là.

L'armée royale, sous les ordres du marquis d'Harcourt, profita de son départ pour entrer dans Agen et mettre le siège devant Villeneuve, où le marquis de Théobon commandait pour Condé. Les sorties des assiégés, la famine et les maladies décimèrent l'armée du roi. Une attaque générale ayant été repoussée, d'Harcourt dut opérer sa retraite de nuit. Des 8,000 hommes qu'il avait amenés devant la place il ne lui en restait que 3,000.

Ce fut la fin de la guerre pour l'Agenais et la dernière. Désormais dans la France unifiée par la monarchie, les luttes intérieures vont devenir impossibles; la guerre va se trouver reportée aux frontières du nord ou de l'Est. Les campagnes de l'Agenais n'en seront plus le théâtre.

La centralisation monarchique. — La soumission du pays à l'autorité du roi fut dès lors si entière que la révocation de l'Edit de Nantes n'y souleva aucun désordre. Dès 1661, à Casteljaloux un commencement d'émeute aboutit à l'interdiction du culte public. Puis, successivement, on ferma les temples de Nérac, de Tonneins, de Tournon, de Monsempron, de Layrac, de Monflanquin. Les dragons logés dans les maisons protestantes de La Sauvetat-du-Dropt s'y livrèrent à d'infâmes violences. Lorsqu'en 1685, parut l'Edit qui révoquait celui de Nantes, la terreur était telle que les protestants de l'Agenais n'essayèrent point la résistance.

En même temps que la liberté religieuse, achevaient de disparaître les anciennes libertés provinciales et municipales. L'Agenais avait autrefois ses Etats. On appelait de ce nom une assemblée composée des représentants du clergé, de la noblesse et du tiers état. Après que le roi avait fixé la taxe de la province, les Etats répartissaient ces charges entre les communautés et réglaient les impositions. Louis XIII les avait supprimés dans l'Agenais. Louis XIV ne respecta pas mieux les libertés des villes. Au lieu d'être élu, le maire fut nommé par le roi. La vie municipale se trouva suspendue. Aussi l'histoire de l'Agenais, jusqu'à la fin de l'ancien régime se réduit-elle à des évènements insignifiants : des épidémies, des disettes, des débordements de la Garonne, des entrées solennelles de rois et de princes.

La Révolution. — Il y avait plus d'un siècle que la centralisation administrative avait tué toute initiative dans la province, lorsque la Révolution éclata. L'Agenais, qui depuis longtemps vivait beaucoup moins de sa vie propre que de celle de son gouvernement, se reprit à penser et à agir par lui même. La royauté, cédant à une impulsion générale, venait d'accorder à la nation la convocation des Etats-Généraux.

Les élections, dirigées par le lieutenant-général Jacques de Lafitte, durèrent un mois entier. Le tiers désigna six députés. C'étaient : Escourre, avocat de Libos; Daubert, juge royal à Villeneuve; Renaut, avocat d'Agen; de Bellisle; François, bourgeois cultivateur de Clairac; Terme, bourgeois cultivateur de Marmande. Les trois députés de la noblesse étaient le duc d'Aiguillon, le marquis de Fumel-Monségur et le marquis de Bourran. Le clergé avait fait choix de l'évêque d'Agen, d'Usson de Bonnac; du curé de Montastruc, Malateste de Beaufort; et de Fournelz, curé de Puymiclan.

La noblesse et le clergé de l'Agenais firent cause commune

avec le tiers-état. Les cahiers (1) des deux ordres privilégiés témoignent d'un désintéressement qui leur fait le plus grand honneur. Ce libéralisme s'explique en partie par les relations courtoises que depuis longtemps la noblesse entretenait avec la bourgeoisie. Il est en effet peu de pays en France, où la séparation entre nobles et bourgeois ait été aussi peu tranchée qu'en Agenais. Dès lors, on s'étonne moins que ce soit un député de sa noblesse, le duc d'Aiguillon, qui, le premier, ait demandé l'abolition ou le rachat des droits féodaux. « Il faut poursuivre la destruction du monstre dévorant de la féodalité ! » avait-il dit dans la nuit mémorable du 4 août. Il est à noter que dans l'Agenais, pendant la Révolution, le gouvernement resta aux mains des modérés. Ainsi, en 93, Villeneuve avait encore pour maire le marquis de Bourran. Le Tribunal révolutionnaire fit ici moins de victimes qu'ailleurs. On compte trois exécutions durant la Terreur. Cette modération relative est due aussi en partie aux bons offices du conventionnel Paganel, ancien curé de Noaillac. C'est à lui que l'évêque d'Agen et le savant Lacépède durent de ne pas monter sur l'échafaud.

C'est ici que devrait s'arrêter une histoire de l'Agenais. Aussi bien n'y a-t-il plus d'Agenais depuis le décret du 15 janvier 1790. On lui a substitué le département du Lot-et-Garonne, composé de l'Agenais, d'une portion du Condomois et du Bazadais. Son existence est désormais intimement unie à celle de la France, et son histoire se confond avec la sienne.

Les embellissements du dix-neuvième siècle. — On n'a plus, dans ce siècle, qu'à noter les embellissements du pays sous les divers gouvernements qui se sont succédé depuis la Révolution. Le chef-lieu du département s'est transformé. Déjà, les intendants du siècle dernier avaient planté d'ormeaux la promenade du Gravier, cette conquête sur la Garonne qui, par malheur, n'y rentre que trop souvent. De nos jours, Agen a achevé de perdre sa physionomie

---

(1) On nommait ainsi les mémoires contenant les demandes et les remontrances adressées au roi par les Etats.

du moyen-âge. Ses ruelles tortueuses et ses maisons à pans de bois s'en vont assez vite, une à une. Les autres villes suivent ce mouvement de transformation. De modestes communes ont l'éclairage au gaz ou même à l'électricité. Les routes et les voies ferrées portent la vie jusque dans les coins les plus reculés des Landes et du Haut-Agenais. Des ponts, d'année en année plus nombreux, enjambent nos rivières et notre fleuve. Le Pont Canal d'Agen avec ses 23 arches est une merveille de solidité élégante.

Les richesses du sol. — L'homme a embelli son domaine tout entier : les campagnes comme les villes. La fertilité de nos deux grandes plaines attirait déjà l'attention des étrangers au siècle dernier. L'anglais Arthur Young qui visitait notre patrie un peu avant la Révolution n'y trouve pas de région plus riche que celle-ci. « Qui n'a pas vu cette plaine, s'écrie-t-il, n'a pas vu ce qu'il y a de plus beau en France ! » Depuis lors, cette richesse agricole a fait encore des progrès. En effet, si la fécondité régnait au centre du département, la misère sévissait aux extrémités. Sur les argiles rebelles du Haut-Agenais la fougère couvrait de trop grands espaces, et sur les sables mobiles de la lande où un peu de seigle et de panis végétait à force d'engrais, le genêt épanouissait trop librement ses rameaux d'or. Ce coin du département a subi une véritable métamorphose. On a amendé le sol, desséché les marais : le sang du Lanusquet, qu'une nourriture insuffisante et une eau mauvaise avaient appauvri, a retrouvé toute sa richesse.

Le chanvre qui, au dernier siècle, suffisait à la consommation de Brest, de Rochefort et de Bordeaux, a disparu du pays. Mais il lui reste ses vins de Clairac, de Contaud, de Buzet, de Thézac, de Péricard si moelleux et si parfumés ; comme autrefois, ses tabacs se dorent au séchoir, et sur les coteaux secs les pruniers de robe-sergent mûrissent leurs fruits à la peau fleurie. Nos races de bœufs, garonnaise et gasconne, vont s'améliorant : la première, remarquable par son aptitude à l'engrais, la Durham du Midi ; la seconde plus rustique, appropriée au travail des rudes coteaux. Par la fertilité de son sol et par les conditions de son climat, le département est un des plus beaux de France.

Les illustrations. — Sur cette terre favorisée vit un peuple à l'intelligence vive. Les Agenais illustres sont nombreux ; trois noms surtout méritent d'être connus : ce sont ceux de Palissy, de Romas et de Jasmin.

La Capelle-Biron, sa patrie, a élevé une statue à Bernard Palissy, l'immortel *ouvrier de terre*, qui, après seize ans d'efforts, trouva, en 1555, le secret de l'émail. Nérac se dispose à élever la sienne à Jacques de Romas qui eut, avant Franklin, l'idée du cerf-volant électrique et dressa, en 1752, sur le toit du château de Vivens, près de Clairac, le premier paratonnerre. Agen avait donné l'exemple de ces hommages dus à nos grands hommes, en dressant sur une de ses places la statue de Jasmin, le poète qui écrivit pour le peuple dans la langue du peuple, dans ce patois Agenais doux et harmonieux qui, grâce à lui, possède désormais quelques chefs d'œuvre.

La petite patrie. — Entre tous les grands noms dont l'Agenais peut s'enorgueillir, ce sont là ceux qui méritent le plus de rester populaires. Tu dois, mon jeune ami, en conserver pieusement le souvenir. Ce sera une manière d'honorer toutes les générations d'obscurs ancêtres dont ils sont les représentants illustres.

Aime les bien ces ancêtres ! ne méprise jamais leur rudesse ; sois indulgent pour leurs erreurs. Il est vrai que nous leurs sommes supérieurs en instruction, en tolérance, en bien-être ; mais, ne l'oublie pas : c'est à leurs tâtonnements et à leur expérience douloureuse que nous le devons. Ils ont fait le champ qui te nourrit ; ils ont préparé les libertés au milieu des quelles tu grandis.

Aime la bien aussi cette terre ! D'autres te conseilleront les émigrations lointaines. Crois-moi, ne la quitte jamais, sans esprit de retour au moins. Où en trouverais-tu une meilleure et une plus belle ?

Aime bien la petite patrie ; et puisses-tu trouver dans la connaissance de son histoire plus de raisons encore d'aimer ta grande patrie, la France !

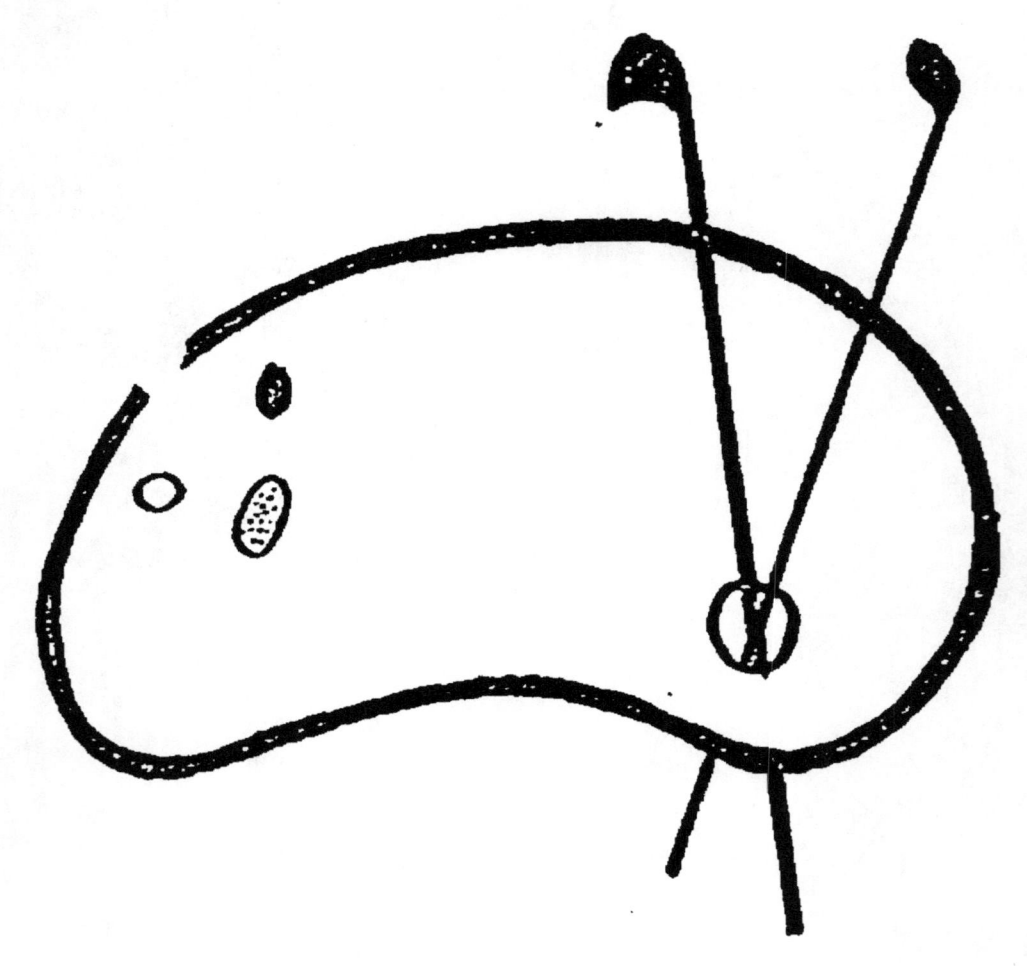

ORIGINAL EN COULEUR
NF Z 43-120-8